S E R I E

Lidere.

CÓMO
EJERCER la
VERDADERA
AUTORIDAD

*"Este libro provee consejos prácticos y oportunos para estos
tiempos, que ayudarán a los líderes a llegar al potencial
que Dios tiene para ellos."*

Dr. John C. Maxwell

CASA CREACIÓN

MARCOS WITT

Cómo ejercer la verdadera autoridad por Marcos Witt
Publicado por Casa Creación
Una división de Charisma Media
600 Rinehart Road
Lake Mary, Florida 32746
www.casacreacion.com

No se autoriza la reproducción de este libro ni
de partes del mismo en forma alguna, ni tampoco
que sea archivado en un sistema o transmitido de
manera alguna ni por ningún medio—electrónico,
mecánico, fotocopia, grabación u otro—sin permiso
previo escrito de la casa editora, con excepción de
lo provisto por las leyes de derechos de autor de los
Estados Unidos de América.

A menos que se indique lo contrario, todos
los textos bíblicos han sido tomados de la
Versión Reina-Valera © 1960 Sociedades Bíblicas en
América Latina; © renovado 1988 Sociedades Bíblicas
Unidas. Utilizado con permiso.

Copyright ©2002 por Jonathan Mark Witt
Todos los derechos reservados

ISBN: 978-0-88419-816-1

Impreso en los Estados Unidos de América

12 13 14 15 16 * 16 15 14 13 12

ÍNDICE

INTRODUCCIÓN

Un pueblo de gracia

EN ESTOS TIEMPOS HAN SURGIDO DESAFÍOS extraordinarios en América Latina. En medio de todo este mover surgen importantes noticias, algunas de ellas buenas y otras no tanto. Unas nos llenan de gozo y otras de preocupación. Pero, aún así, las que nos intranquilizan producen acción en nuestra vida, ya que al conocerlas debemos hacer algo al respecto.

Latinoamérica está experimentando un fuerte mover de Dios. El resto del mundo tiene sus ojos puestos sobre ella y se preguntan qué tenemos nosotros que a ellos les gustaría tener. El Señor por Su gracia nos regaló muchas cosas que nos hace diferentes a los demás. El latinoamericano es muy jovial. Somos personas muy alegres, nos encantan los festejos y cualquier motivo es bueno para celebrar. Y como causa de esta celebración sabemos que diariamente, cientos de latinoamericanos reciben el mensaje de Jesucristo y lo aceptan.

Algunos historiadores de la iglesia estiman que en América Latina, entregan su vida a Cristo entre 400 a 500 personas por minuto. Ésta es la buena noticia. La mala es que, desgraciadamente, mucho de este fruto se está perdiendo por una escasez de liderazgo.

Cuando comenzamos el proyecto de *Lidere*, nos unimos con personas que trabajan desde hace muchos años en el desarrollo y la motivación de líderes en América Latina. Nos sorprendimos al darnos cuenta que en Latinoamérica hay cientos de miles de pastores con congregaciones de entre 50 a 100 personas. La mayoría de ellos no tienen la menor idea de cómo llegaron a ser ministros del Señor y luchan para sobrevivir junto a los pocos miembros de su congregación, los cuales probablemente están divididos y a punto de irse en cualquier momento.

Hace algunos años, un seminario teológico de renombre realizó una encuesta que concluyó con los siguientes resultados: la mayoría del liderazgo de América Latina no tuvo ni un solo día formal de educación, ni siquiera primaria o elemental. Parte del problema es que ha proliferado entre los latinoamericanos una mentalidad muy peligrosa que dice: «¡Gloria a Dios, yo nunca estudié!». Podemos llegar a comprender el espíritu de lo que están diciendo nuestros colaboradores y consiervos, pero este pensamiento mantuvo a nuestro liderazgo con muchas limitaciones.

Tiempo atrás, otro estadista dijo que el 60% del liderazgo había deseado abandonar el ministerio en los últimos seis meses. Cuando me enteré de esto estaba como orador invitado en un congreso de líderes en una ciudad de Latinoamérica frente a unos 4,000 pastores.

Confirmé esto al oír a otro de los predicadores invitados hacer la siguiente declaración mientras desarrollaba su conferencia: «El Espíritu Santo me está dirigiendo a orar por aquellos pastores y líderes que en los últimos tres meses han deseado quitarse la vida». Cuando escuché esta invitación pensé: «¡Ay, Dios mío ahora sí que le falló el discernimiento a este hermano! ¿Cómo es posible?». Podía llegar a entender que orara por aquellos que han querido abandonar el ministerio o «tirar la toalla», pero ¿quitarse la vida? Sin embargo, fue sorpresivo ver que de los 4,000 pastores y líderes presentes, cientos de ellos comenzaron a pasar de uno en uno al altar, algunos llorando y gritando con gran angustia.

En ese instante el Espíritu Santo le revela al predicador una imagen: «Veo a alguien que hace dos semanas se cortó las venas con una navaja». La cara de espanto al oír todas estas cosas reflejaba la sorpresa que tenía al escuchar este mensaje. De pronto, más de 400 consiervos pasaron respondiendo al llamado. Esa noche comprendí que el Espíritu Santo no se había equivocado. Él sabía exactamente cuáles eran las necesidades de esa gente. Pero también comprendí que muchos de nuestros consiervos en el ministerio viven en una desesperación total y necesitan motivación.

Una de las necesidades más importantes que América Latina tiene que enfrentar hoy es preparar, bendecir y motivar al liderazgo. Algunos dicen que el liderazgo latinoamericano no es bueno, pero esto es un error.

Hablamos mucho en la Iglesia acerca de un cambio de corazón, un cambio de espíritu, un cambio en nuestra alma. Pero se habla muy poco de un cambio en la manera de pensar.

«No os conforméis a este siglo, sino transformaos por medio de la renovación de vuestro entendimiento, para que comprobéis cuál sea la buena voluntad de Dios, agradable y perfecta» (Romanos 12:2).

Dios necesita que renovemos nuestro entendimiento. El libro de los Proverbios declara que *«el corazón del hombre piensa su camino; mas Jehová endereza sus pasos»*.

A lo largo de estas páginas encontrará principios sencillos y básicos para el crecimiento del liderazgo. De esta manera comenzará el cambio en su manera de pensar.

Cómo ejercer la verdadera autoridad

Los latinoamericanos luchamos con la falta de entendimiento acerca de la palabra *autoridad*. Algunos creen que por la sencilla razón de poseer un uniforme, ostentar una credencial o por ocupar un cargo jerárquico, tienen autoridad. Sin embargo, en muchos casos, estos personajes ejercen una extraña forma de autoritarismo.

América Latina ha experimentado dictaduras, y aunque algunos políticos no quieren que se denomine de esta manera a ciertos períodos de gobierno, evidentemente no podemos llamarla «dictablandas». Sino que son muestras claras de autoritarismo. Esta problemática también es evidenciada en la Iglesia cristiana.

A lo largo de 20 años de ministerio a tiempo completo, dieciséis de ellos visitando cientos de congregaciones en Latinoamérica, pude compartir reuniones con los pastores más reconocidos y desconocidos de varios países. Participé en las congregaciones más grandes y las más pequeñas. Y como resultado de ello comprobé las carencias de nuestro liderazgo, así como también aplaudo sus virtudes.

Pero hay ciertas intimidades de la Iglesia de las cuales no recibí comentario, no obstante siempre me entero. Todas ellas son el resultado de la falta de conocimiento de la palabra *autoridad y* acerca de *cómo ejercer la verdadera autoridad.*

«Como pastor apacentará su rebaño; en su brazo llevará los corderos, y en su seno los llevará; pastoreará suavemente a las recién paridas» (Isaías 40:11).

Me encanta este versículo por lo tierno de su mensaje. Refleja una característica que no posee el liderazgo latino. Algunas de las particularidades que caracterizan a nuestros líderes son sus reacciones fuertes y reacias. Ellos piensan y dicen lo siguiente: «En esta iglesia se hace lo que yo digo, porque Dios me habla solamente a mí. Si no te gusta, ahí está la puerta». Estas expresiones fuertes han herido y enajenado a más de una oveja. Necesitamos comprender el corazón del Padre que dice acerca del pastor: *«pastoreará suavemente a las recién paridas».*

Durante muchos años mi papá, Francisco Warren, solía mencionar una frase que tiempo después medité. Él acostumbraba a decir:

«La verdadera autoridad sirve para desarrollar al máximo el potencial de aquellos que están bajo mi autoridad».

CÓMO DESARROLLAR LÍDERES CONFIABLES

Tengo cuatro hijos bajo mi autoridad. Mi responsabilidad es ver el potencial que hay en ellos y descubrir de qué manera los ayudaré a desarrollarlo al máximo. También es un privilegio y mi responsabilidad ver de qué manera mi esposa puede desarrollar todo el potencial que Dios ha puesto en ella. Sin embargo, no es mi responsabilidad idear una estrategia para sujetarla. Ella es una tremenda mujer de Dios, pensadora, intercesora, y estudiosa de la Palabra. La verdadera autoridad sirve para *desarrollar*.

Toda las personas que asisten a su congregación podrían estar en cualquier otra iglesia, sin embargo, escogieron estar en la suya porque lo aman. Usted debería corresponderles con amor y así descubrir que es un gran privilegio para usted ayudarlos a encontrar y desarrollar los dones y capacidades que poseen y brindarles la oportunidad para que puedan desarrollarlos al máximo.

Algunos pastores o líderes están demasiados ocupados edificando sus propios ministerios, sus propios imperios. Y, en lugar de ayudar a desarrollar el potencial de otros, quieren que todos colaboren en desarrollar el suyo. Todo se centra en una sola persona: «usted». Sin embargo, esos ministerios no tienen futuro porque cuando ese líder muere, todo se acabó.

El reconocido evangelista Alberto Mottesi me contó una triste historia acerca de un gran siervo de Dios. A lo largo de su vida desarrolló una gran obra, pero cuando el tiempo pasó y era de edad avanzada, le preguntó quién sería su sucesor cuando él ya no estuviese. Su respuesta fue: «Absolutamente nadie porque yo soy el visionario. Dios me habló y yo daré cuenta por esto». Seis meses después este hombre murió y al año de su muerte todo lo que él construyó había prácticamente desaparecido. La razón de ello fue que él no edificó líderes. Tan pronto como desaparece la personalidad, desaparece todo. No debemos edificar un imperio personal sino que debemos edificar el único Reino que vale la pena construir: el Reino de nuestro Señor Jesucristo.

Un turista hace una visita rápida a una pequeña ciudad, esforzándose al máximo para obtener la mayor información en el menor tiempo, con el propósito de conocer todo lo posible. Mientras caminaba detuvo a un ciudadano local y le preguntó: "¿Nació aquí algún líder famoso?". A lo que el ciudadano respondió: "No, aquí solamente nacen bebés".

Por lo pronto, parece ser que ningún líder nació como tal, todos ellos necesitaron recibir la información y preparación para serlo. La estimulación de esas habilidades desarrolló en ellos las características de liderazgo.

Para ejercer la verdadera autoridad y desarrollar el potencial de aquellos que están bajo su autoridad debe considerar los aspectos que describiré en las próximas secciones.

1. Permita a sus líderes que tomen decisiones

A TRAVÉS DE TODO ESTE ESTUDIO UTILIZO LA palabra *«permita»* ya que usted como líder crea un ambiente en el que permite y concede autoridad a otros que deben desarrollarse. También será usted quien debe trabajar para que esto funcione. ¿Permite usted que ellos tomen decisiones?

a. *Una vida fructífera no es resultado del azar sino de decisiones acertadas.* Enséñeles la verdadera importancia de meditar y aprovechar las oportunidades que Dios les pone delante para crecer espiritualmente y en el liderazgo.

b. *Anímelos a tomar decisiones.* Al hacerlo les estará enseñando a depender solamente de Dios y no de usted. Una de las frases que continuamente escuchaba de la boca de mi padre era: «Marcos, ¿tienes una palabra de Dios?». Cada vez que le contaba con todo mi esfuerzo y entusiasmo acerca de alguna visión, una idea, un sueño, él siempre resumía todo en una pregunta: «Bueno,

pero ¿tienes una palabra de Dios para eso?».
Algunas veces esto causaba frustración en
mí. Pensaba cuál sería la razón por la cual mi
papá no entendía. Hoy, luego de muchos
años, me doy cuenta de la sabiduría de mi
papá al enseñarme continuamente a escuchar la voz de Dios. Qué difícil hubiera sido
todo si él me hubiera enseñado a depender
solamente de su voz: «Sí, hijo mío me
parece bien, dale para adelante», en lugar
de decir: «¿Te ha hablado el Señor?». Todo
cambia cuando se nos enseña a escuchar la
voz de Dios y no la de los hombres.

c. *Defina los lineamientos generales.* Cuando
le permita a sus líderes tomar decisiones,
defina los lineamientos generales. Hay tres
ejemplos bíblicos en los cuales los lineamientos generales fueron bien definidos:

Nombramiento de los jueces
(*Éxodo 18:13-27*)

Moisés era el indiscutible líder espiritual del
pueblo de Israel. Él era el que hablaba «cara a
cara con Jehová». Era el profeta de Dios y quien
tendría la palabra y el juicio justo para la nece-
sidad de su pueblo que venía en busca de
consejo y ayuda. Esto mantenía a Moisés muy
ocupado y agotaba sus fuerzas.

Jetro, su suegro, vio que esto no era bueno y
se lo dijo: *«No está bien lo que haces».* Los límites
de Moisés por ayudar a su pueblo se habían

excedido. Continuó diciendo: «*Desfallecerás del todo, tú, y también este pueblo que está contigo; porque el trabajo es demasiado pesado para ti; no podrás hacerlo tú solo*».

La humildad de Moisés lo llevó a aceptar el consejo de Jetro. Entonces Moisés escoge grupos de hombres, capitanes de miles, les define los lineamientos generales y luego los libera para trabajar. Moisés permitió que ellos tomen las decisiones. Estos líderes juzgaban todos los asuntos menores, pero los casos más difíciles debían reportase ante Moisés. Estos eran lineamientos generales definidos.

Misión de los setenta (Lucas 10:1-12)

En este texto, Jesucristo es quien define los lineamientos generales a los setenta para luego enviarlos. «*No llevéis bolsa, ni alforja, ni calzado; y a nadie saludéis por el camino. En cualquier casa donde entréis, primeramente decid: Paz sea a esta casa*» *(v.4-5)*.

Jesús no iría detrás de ellos para comprobar si cumplirían lo que Él les ordenó. Simplemente define los lineamientos generales, los envía y confía en ellos.

Seguramente algunos de ellos cometieron graves errores, tanto como usted y yo lo hemos hecho. El Señor envió muchachos inexpertos y esto se notó mucho a su regreso cuando se reportaban ante el Señor y le contaban: «*Señor, aun los demonios se nos sujetan en tu nombre*» (v.17). Y Jesucristo les respondió: «*Pero no os regocijéis de que los espíritus se os sujetan, sino regocijaos de que vuestros nombres están escritos en los cielos*» (v.20).

Jesús pudo comprenderlos y quiso enseñarles diciéndole: «Muchachos, qué bueno que eso los alegra, pero realmente lo que debería darles gozo es otra cosa». Jesucristo permitió que estos setenta comiencen a caminar solos en el trabajo ministerial.

Jesús comisiona a los apóstoles
(Marcos 16:15)

Luego que Jesús resucitó se presentó ante sus discípulos y los comisionó. Les dijo: «Irán por todo el mundo y predicarán el Evangelio. Luego, bautizarán en el nombre del Padre, del Hijo y del Espíritu Santo y enseñarán todas las cosas. Yo estaré con ustedes todos los días hasta el fin del mundo». Después de esto se fue.

El Señor los comisionó y luego en ese mensaje les entregaba los lineamientos generales para su trabajo. Dio las indicaciones que demarcarían el terreno de trabajo. Seguramente que algunos de los discípulos no eran los mejores ejemplos, entre ellos estaba Pedro. Sin embargo, a él le entregó las llaves del Reino. Tal vez usted le preguntaría a Jesús: «Señor, ¿a quién le encargaste el Reino?». El Señor Jesucristo definió los lineamientos generales y luego se fue.

La realidad más cruel que se descubre en el liderazgo cristiano es ver cuán difícil es para nuestros líderes delegar autoridad en uno de sus discípulos. Ellos creen que: *nadie puede hacerlo más rápido o mejor que ellos*. De esta manera nunca formaremos líderes independientes que se desarrollen y crezcan.

Escuché al Dr. John Maxwell decir la siguiente frase: *«Es maravilloso cuando la gente cree en su líder, pero es más maravilloso cuando el líder cree en su gente»*. El Dr. Maxwell ha bendecido a miles de personas en el mundo a través de su mensaje claro al liderazgo mundial. En lo personal, me fue de gran bendición.

Deseo sinceramente que estas palabras hagan mella en su corazón y pueda transformarlas en gestos y acciones que le demuestren a su gente que usted cree en ellos. Es muy sencillo decir con palabras: «Creo en ti», lo difícil es «soltarle las llaves». Podemos declarar nuestra confianza a través de las palabras, pero es mucho más provechoso cuando lo demostramos al invertir en un gesto, en una acción que confirma nuestras palabras.

2. PERMITA QUE COMETAN ERRORES

A LO LARGO DE TODO EL CONTINENTE Latinoamericano vi padecer el mismo común denominador: «no queremos soltar a nadie en el ministerio hasta que sea perfecto». Lo curioso de eso es que el Señor a usted lo soltó al ministerio antes de que usted... (mejor no termino esa frase). Si el Señor estuviera esperando su perfección, ¿estaría usted en el ministerio? ¡Qué interesante es descubrir cómo para algunos no se aplica la regla!

Hay un razonamiento muy interesante que quisiera que usted conozca, es el principio de error-corrección. Esta tesis expone que aquello que descubrimos por medio de nuestros errores nos convencerá y enseñará más que aquellos errores que otros han encontrado en nosotros. Este es un principio activo que determina un efecto sobre una causa.

Al descubrir por mi propia cuenta el principio de error-corrección, la enseñanza y aplicación del mismo es mucho más aprovechable. En este proceso de error-corrección se aprende constantemente qué hacer y qué no hacer. El mejor ejemplo para este principio es el que se utiliza en la aviación.

Como muchos saben soy piloto, y una de las cosas que más me gusta hacer es pilotear. Desde muy pequeño, mi sueño era volar aviones. Aún hoy, si estoy conversando con usted y un avión cruza el cielo, me va a disculpar unos segundos pero mi mirada cambiará de escenario y mis ojos buscarán el cielo. Indudablemente mi intención será conocer qué tipo de avión es, de qué tamaño y, más o menos, a qué velocidad está volando. ¡Me encantan los aviones!

Una mañana, en 1995, me propuse aprender a volar. Ese mismo día fui al aeropuerto a pedir informes sobre las escuelas de aviación y regresé a mi casa inscripto como alumno. Esa tarde comencé una de las más grandes aventuras de toda mi vida. Recuerdo el primer día que me senté en el asiento del piloto junto al instructor. Mi primera oración fue encomendarme en las manos del Señor. Luego de una serie de varios errores aprendí a pilotear.

Mi instructor, una persona muy crucial a la hora de aprender a volar, estaba siempre a mi lado. Cuando cometía una equivocación, él me corregía. Considere usted que en la aviación algunos errores pueden costarle la vida. Por esa razón le agradecía a Dios que el instructor siempre estaba cerca. Al aprender a aterrizar, los intentos fueron muchos y con cada error, él me corregía. Frente a un intento frustrado de aterrizaje, probé bajar otra vez, pero en esta oportunidad ocurrió algo muy peligroso: Piqué la pista con la llanta ubicada en la nariz de la avioneta. Esto es muy peligroso porque el rebote es cada vez más alto. En el tercer salto el avión puede elevarse tanto que tal vez el pasajero termine «patas pa'arriba». El instructor tenía una frase que era la que salvaba el momento. Cuando veía que definitivamente yo no podía hacerlo, gritaba: «¡Mi avión!». Estas eran las palabras que me indicaban soltar el mando y él tomaba control de la situación. El instructor corregía el error y aterrizábamos correctamente. Cada vez que escuchaba esa frase ciertamente le daba gracias a Dios. Hoy recuerdo cuando frente a un momento de mucha dificultad ante los mandos, grité: «Tu avión».

A lo largo de nuestro crecimiento ministerial siempre hubo instructores de vuelo que en algún momento gritaron: «Mi avión». Y seguramente esto nos ayudó a aprender a volar a través del principio de error-corrección, ya que un grado de diferencia en los instrumentos de la nave puede causar graves inconvenientes.

Una tarde el instructor le habló a la torre de control y le dijo: «Torre, quiero avisarles que tengo un alumno que hoy va a volar por primera vez solo». Esas palabras del instructor eran para alertar a la torre de que se cuide: «Sálvese quién pueda». De repente, se baja el instructor y me dice «hasta luego», y me encontré sólo con el Espíritu Santo. El momento que tanto esperé, había llegado. Grité con voz de júbilo: «¡Gloria a

Dios, estoy volando solito, aleluya!». Despegar es lo más fácil, pero de pronto me di cuenta que tenía que aterrizar, entonces mi grito fue otro: «¡Espíritu Santo, recuérdame todas las cosas que el instructor me enseñó!». En ese instante nadie podía gritar: «Mi avión», ese era mi avión. Gracias a Dios sobreviví a ese primer aterrizaje solo. Alguien permitió que yo cometiera errores y me corrigió, para que aprendiera. Permita que sus líderes cometan errores. Les va a hacer bien ya que *fracasar* es la oportunidad de comenzar de nuevo más inteligentemente.

Cuenta la Biblia que un hombre fue ante Jesús y le contó lo siguiente: «*Cuando llegaron al gentío, vino a Él un hombre que se arrodilló delante de Él, diciendo: Señor, ten misericordia de mi hijo, que es lunático, y padece muchísimo; porque muchas veces cae en el fuego, y muchas en el agua. Y lo he traído a tus discípulos, pero no le han podido sanar. Respondiendo Jesús, dijo: ¡Oh generación incrédula y perversa! ¿Hasta cuándo he de estar con vosotros? ¿Hasta cuándo os he de soportar? Traédmelo acá. Y reprendió Jesús al demonio, el cual salió del muchacho, y éste quedó sano desde aquella hora. Viniendo entonces los discípulos a Jesús, aparte, dijeron: ¿Por qué nosotros no pudimos echarlo fuera? Jesús les dijo: Por vuestra poca fe; porque de cierto os digo, que si tuviereis fe como un grano de mostaza, diréis a este monte: Pásate de aquí allá, y se pasará; y nada os será imposible*» (Mateo 17:14-20).

Cuando los discípulos regresan, le dicen al Señor: «¿Por qué no salió el demonio con nuestras palabras?». Pero Jesucristo no les dijo: «Muchachos, es que todavía no pueden echar fuera demonios. Tienen que llamar a discípulos como Pedro». Nosotros les hubiéramos contestado eso: «¿A ti quién te dijo que podías echar fuera demonios? ¿Es que no sabías que ese ministerio no te corresponde a ti?». Sin embargo, el Señor permite que cometamos errores. Pastor, permita que sus líderes y pastores asistentes cometan errores.

Un líder debe ser lo suficientemente grande como para admitir sus errores, lo suficientemente inteligente como para aprovecharlos y suficientemente fuerte como para corregirlos. ¡Qué difícil es admitir que no somos perfectos! Pero una vez que nos damos cuenta, podemos ser suficientemente inteligentes como para utilizar nuestros errores y suficientemente fuertes para corregirlos.

3. PERMITA QUE DESAFÍEN SU MANERA DE PENSAR

ES IMPORTANTE TENER PERSONAS EN nuestro equipo que no siempre digan 'sí' o aprueben todas nuestras ideas y pensamientos. La Biblia denomina como «asalariadas» a la clase de personas que siempre dicen 'sí'. En mi pueblo llamamos a estas personas «barberas», porque siempre están babeando y diciendo que 'sí' a todo. Prefiero contar en mi equipo con personas que me miren a la cara y me digan de frente: «No estoy de acuerdo». Porque es ahí donde compruebo su lealtad y su amor.

Sin embargo, ese hombre que aparentemente es tan sumiso probable le divida su congregación y arme a sus espaldas una revolución, un «golpe de púlpito» en lugar de «golpe de estado». Pero cuando usted cuenta en su equipo con personas que lo ayudan a pensar, esas personas lo desafían a crecer. Estimado pastor, permítame contradecirlo, pero no todas sus ideas son buenas. Perdone si no le gusta lo que quiero decirle, pero me atrevo a decirlo porque el Evangelio fue depositado en hombres imperfectos, que cometemos errores. Hombres que sabemos reconocer que sin Dios no podemos hacer nada.

Establezca un ambiente donde la discusión sea constructiva y no se convierta en pleitos. En oportunidades, comparto con mi grupo de trabajo alguna idea que me parece genial, y estoy seguro que les va a gustar a todos. Sin embargo, en varias ocasiones me han dicho: «No estoy de acuerdo contigo por tal razón». Otro dijo: «Creo por esta otra causa que tampoco es buena idea». De pronto me doy cuenta que en unos pocos minutos tomaron mi brillante y glorioso proyecto, lo tiraron al piso y lo pisotearon. Usted podría construir esa clase de ambiente. Pero la realidad latinoamericana dentro del liderazgo es que el único que manda y que escucha la voz de Dios es el líder principal. Nadie puede atinar a contradecirlo, y mucho menos a no aprobar una de sus ideas «maravillosas». Espero que esta realidad la cambiemos para el bien del Reino.

Los discípulos vinieron a Jesús y le dijeron: «Quieres que mandemos fuego del cielo que los consuma a todos». El Señor los miró y les dijo unas palabras tan extraordinarias: «¡Ah, muchachos, ustedes ni siquiera saben de qué espíritu son! Yo no vine a destruir al mundo sino a salvarlo». A través de estas frases del Señor descubro la talla de Su liderazgo. Cuantas veces deseamos que el espíritu de destrucción descienda y que llueva fuego del cielo sobre aquellos que nos desafían. Amado líder, sé que es difícil creerlo, pero en algunas oportunidades sus ideas no son tan buenas como usted cree.

Transcriba esta frase en alguna hoja que

pueda leerla a menudo: «Si continuamente está a la defensiva con inseguridades y temores a ser desafiado, probablemente alguien más ya está asumiendo su responsabilidad». Si siempre está reclamando autoridad, es que no la tiene. Los líderes que siempre le recuerdan a su congregación que son los pastores, han dejado de serlo. Yo no tengo que llegar a mi casa y decir: «Yo soy el marido». A mis hijos tampoco debo recordarles que «soy el papá», no tienen duda de esto ya que mi responsabilidad hacia ellos habla más fuerte que mis palabras. El amor que le demuestro a mi esposa es su convicción. No necesito decirle: «Miriam, soy tu marido porque te amo». Mis acciones se lo demuestran y confirman. Muchos buscan autoridad y no responsabilidad, y estas van de la mano. De hecho, sin responsabilidad no hay autoridad.

El temor a que desafíen nuestra manera de pensar se llama inseguridad. La seguridad de un líder se afirma cuando asume quién es en Cristo. Este es uno de los principales problemas del liderazgo de América Latina. La inseguridad crea líderes «dictadores». Son tan inseguros que deben decirle a todo el mundo qué hacer, cómo pensar, cómo actuar, a dónde ir, qué no hacer, con quién casarse, con quién no casarse, cómo peinarse y cómo vestirse. Son tan inseguros que necesitan gobernar la vida de quienes lo rodean. Sin embargo, desgraciadamente, los líderes dictadores son los que más florecen porque América Latina está muy acostumbrada a dictaduras. En la mayoría de estos liderazgos, los seguidores no quieren pensar, ellos esperan que usted piense por ellos y les diga qué hacer.

Mi propuesta es un cambio de cultura en el liderazgo cristiano. Le estoy sugiriendo que enseñemos a nuestra gente a pensar por su propia cuenta, a leer, a estudiar. Me encanta cuando uno de mis discípulos me desafía y me dice: «¿Por qué dijiste eso?». El desafío me hace pensar, y me lleva a investigar en los libros para poder brindarle una respuesta confiable. Eso es saludable.

El grupo de tareas de CanZion creció mucho en los últimos años; cerca de doscientas personas trabajan a tiempo completo en el ministerio. La cantidad de personas involucradas en el trabajo es muchas veces mayor que cientos de congregaciones. Sin embargo, no tengo que decirles: «Recuérdenlo, yo aquí soy el jefe». Al contrario, siempre les pido por favor que no me diga «jefe» sino que me llamen por mi nombre. Cuando usted sabe quién es en Cristo y reconoce de dónde proviene su autoridad, camina tranquilo.

Pero en todas las congregaciones hay algún «hermano Epifanio» que no le gustó su mensaje del domingo pasado y le hace la vida a cuadritos. Cada vez que se cruza con él siempre le tiene que decir algo, pero en esta oportunidad le reclama: «Pastor, ¿cómo se atreve a pensar y predicar esas cosas?». Pese a esa declaración usted debe permanecer tranquilo. No tiene que pelearse con el hermano Epifanio. Debe bendecirlo y continuar ya que usted tiene la seguridad de haber escuchado la voz de Dios. Algunos entran en debate con esa clase de miembros, pero esto no es necesario porque usted es el pastor. Es usted quien especialmente desarrolla un ambiente en el cual anima a sus líderes a que lo desafíen y lo hagan pensar, eso lo enriquecerá, porque su pastorado está basado en la seguridad de su llamado y su autoridad espiritual.

Saúl es un gran ejemplo de lo que es un hombre y un líder inseguro (1 Samuel 16-28). Él pudo haber tenido a David como un aliado. Pero, en su inseguridad, lo alejó, lo persiguió, quiso matarlo y destruirlo. Escuché a cientos de pastores orar diciendo: «Señor, mándame ayuda, alguien que me dé una mano con todo este trabajo». Y el Señor le mandó un hombre inspirado, con la unción de Dios sobre su vida, que al salir a las calles todas las mujeres cantan y gritan diciendo: «Saúl mató a sus miles, pero David a sus diez miles». Esta alegría, en lugar de traer gozo a su vida al descubrir que cuenta con gente ungida en su equipo de trabajo, se transformó en el 'patatúff'. Y sus inseguridades comienzan a aflorar: «... a mí no me gusta este David», grita en su interior.

Hay pastores tan inseguros, que frente a un joven brillante que puede ayudarlos, en lugar de darle un lugar de honor, están con la lanza en su mano para ver cómo lo clavan en la pared. A lo largo de mi servicio a Dios he ministrado a más de un joven colgado en la pared, con la lanza traspasada, destruido por su mismo líder.

Permítame contarle un secreto. No soy muy inteligente, pero algo he aprendido. Cuando corre la voz de que usted es un buen tirador de lanzas, tendrá mucha dificultad en encontrar a alguien que quiera ayudarlo. Pero cuando corre la voz de que usted es un pastor que abraza a sus ovejas, que sabe escucharlas, la gente lo sigue. Cuando se comente que usted busca oportunidades para que los jóvenes de su iglesia puedan trabajar, que utiliza las llaves que Dios le ha dado para abrir puertas a esos jóvenes, la voz correrá y tendrá una iglesia llena de jóvenes dinámicos, entusiastas, y talentosos, listos para tomar el Reino para la gloria del Señor.

Sin embargo, Saúl aleja, persigue y quiere matar a David. Durante una de sus persecuciones llevó tres mil hombres para buscar a David y matarlo. La envidia es una fuerte expresión de inseguridad. Es muy peligroso compararse con otros hombres de Dios. No lo haga. La Biblia dice que no es sabio compararse: *«Porque no nos atrevemos a contarnos ni a compararnos con algunos que se alaban a sí mismos; pero ellos, midiéndose a sí mismos por sí mismos, y comparándose consigo mismos, no son juiciosos»* (2 Corintios 10:12).

Cuando pueda entender quién es usted en Cristo, descubrirá que puede descansar al saber que lo que está haciendo favorece el crecimiento del Reino entero. Si usted es un pastor que se goza de los logros de su hermano, entonces recibirá todo los beneficios de su bendición.

Salomón declara: «*He visto asimismo que todo trabajo y toda excelencia de obras despierta la envidia del hombre contra su prójimo. También esto es vanidad y aflicción de espíritu*» (Eclesiastés 4:4).

Siempre se levantarán envidiosos pero eso no debe provocarle inseguridad ya que una situación similar fue la que a Saúl le hizo perder el trono. Cuando usted posee seguridad personal, seguridad ministerial, seguridad profesional, puede permitir que lo desafíen.

Job fue un hombre tan fuerte, que desafió a Dios. Fue uno de los únicos personajes bíblicos a quienes el Señor le permitió reclamos tan fuertes, ya que en su momento de desesperación Job cuestionó profundamente a Dios. Meditando en esto le pregunté al Señor: «¿Cómo permitiste que este hombre te dijera esas cosas?». Pero luego descubrí que el Señor lo permitió por dos razones:

Razón 1: Job tenía un corazón correcto, contrito y humillado por un genuino arrepentimiento delante de Dios. Como un líder, usted sabrá en qué condiciones está el corazón del que le reclama y con qué intenciones lo desafía. Usted puede percibir y discernir cuando el corazón está mal. Pero muchas veces hemos rechazado a personas que vinieron ante nosotros con un buen corazón. Dios los estaba enviando como mensajeros para ayudarlos y protegerlos.

Hace algún tiempo conocí al hombre que, un

año antes que se diera a conocer públicamente el pecado del hermano Jimmy Swaggart, subió a su escritorio y se presentó frente a él para hablarle. Aquel hermano hispano veía a Swaggart como su mentor, su pastor, su guía espiritual, su amigo, y tuvo el atrevimiento de decirle temblando: «Hermano Swaggart, Dios me ha enviado a decirle que hay pecado en su vida y que necesita arrepentirse. Estamos aquí para ayudarlo».

Esto era una presión demasiado fuerte y en lugar de encontrar en ese hombre un mensajero de Dios, lo corrió de su oficina. «¿Cómo te atreves a hablar en contra del hombre de Dios?», y lo echó del trabajo. Pocos meses después todo el mundo supo lo que era la realidad. Tal vez usted alguna vez corrió mensajeros de Dios porque lo desafiaron en su manera de pensar.

Razón 2: Job dijo las cosas de frente y no a espaldas de Dios. En otras ocasiones, cuando han querido jugar en contra de Dios y lo hicieron a sus espaldas, el Señor los juzgó inmediatamente. Pero Job se lo dijo de frente. Ni aun sus amigos o quienes lo rodeaban pudieron convencer a Job que hablara a espaldas de Dios. Él se mantuvo firme y nunca habló mal de Dios a nadie. Lo miró de frente y le dijo todo. Yo prefiero mil veces que mi equipo me hable de frente y no suave a mi cara, y mal a mis espaldas.

4. PERMITA LIBERTAD DE MOVIMIENTO

EL MENTOR DE UN LÍDER DEBE CONTAR CON algunas características que lo definan. Muchos definen a un líder de acuerdo a su actitud y este esquema tal vez lo ayude a identificarse:

Si está ubicado dos pasos al frente, usted parece un líder. Si da cuatro pasos al frente del resto, usted simplemente fue a dar una caminata. Y si brincó seis pasos más allá de sus propias tropas, usted tiene la apariencia de un enemigo.

Aunque parezca risueña, esta descripción se asemeja mucho a la realidad. Considere entonces permitirle libertad de movimiento a sus líderes ya que ellos no son sus enemigos sino soldados de su mismo ejército.

a. No debería ser necesario que los colaboradores tengan que pedir autorización para cada actividad que realicen o decisión que tomen. No es sano que nuestros seguidores se vuelvan dependientes, ya que los estamos formando como líderes y la única manera de hacerlo es dándoles libertad de movimiento.

b. Después de enseñarles, de mostrarles el

camino, necesitamos permitirles la independencia. Para ello es importante definir las fronteras y los lineamientos generales. En este punto tan importante es donde la Iglesia en muchas ocasiones fracasa. Hay un dicho conocido que declara: «Sobre aviso no hay engaño». Al conocer sus fronteras sabrán mejor cómo operar.

c. Tal vez este punto lo sorprenda ya que la meta de cada líder debería ser quedar sin tareas. Usted dirá: «Pero Marcos, ¿Qué haré si me quedo sin trabajo? ¿A qué me voy a dedicar?». Podrá dedicarse a lo que quiera porque usted formó líderes lo suficientemente aptos para hacer todo lo que usted está haciendo. Entonces, usted tendrá la libertad de empezar una nueva organización. El ministerio no es un trabajo, es un privilegio. Hay pastores que quieren hacer *todo* el trabajo. En toda América Latina hay pastores que están desgastando su vida, porque alguien les dijo que ellos tenían que visitar a todas las viudas, a todos los huérfanos, a todos los que están en el hospital, recoger la ofrenda y contarla, no sea que alguien la cuente mal. Además, verificar por qué no llegó el hermano Epifanio, controlar por qué la hermana Juana se llevó sus diezmos en lugar de ofrendarlos, chequear… y chequear…

Cómo me bendice llegar a congregaciones donde el pastor está sentado en la primera fila con las manos levantadas, perdido en la alabanza, disfrutando la presencia del Señor. No le importa quién vino o quién faltó, le da igual, porque él sabe que su trabajo es estar en la presencia del Señor.

Tengo un precioso amigo que no sabe estar tranquilo. Corre para allá, vuelve acá y verifica que los ujieres estén en su lugar, por eso su congregación siempre es pequeña, él quiere hacer todo. Su meta debería ser quedar sin trabajo pronto para dedicarse a fundar otra iglesia. Esto podría funcionar si hoy estuviera desarrollando líderes y no seguidores; si estuviera impulsando a la gente que sabe pensar y accionar.

Es extraordinario cuando líderes responsables asumen el trabajo que usted le ha delegado y ellos lo hacen tres veces mejor que como usted se lo entregó. Al descubrir eso se da cuenta que hace mucho tiempo se hubiera ido de vacaciones. Hay tantos pastores que nunca toman un tiempo de vacaciones porque piensan que si se van de vacaciones le van a hacer un «golpe de púlpito».

John Osteen, de Houston, Texas, antes de morir solía decir: «Salgan del libro de los Números y métanse en el libro de los Hechos», como una frase humorística que significaba dejar atrás los «detalles» y entrar en la presencia del Espíritu Santo. Si usted se detiene en todos esos detalles, nunca podrá tener un ministerio más grande.

Algunos, a esta altura del desarrollo estarán

pensando «¿Para qué compré este libro?, ahora soy responsable de haber leído todo esto».

«En aquellos días, como creciera el número de los discípulos, hubo murmuración de los griegos contra los hebreos, de que las viudas de aquéllos eran desatendidas en la distribución diaria. Entonces los doce convocaron a la multitud de los discípulos, y dijeron: No es justo que nosotros dejemos la palabra de Dios, para servir a las mesas. Buscad, pues, hermanos, de entre vosotros a siete varones de buen testimonio, llenos del Espíritu Santo y de sabiduría, a quienes encarguemos de este trabajo. Y nosotros persistiremos en la oración y en el ministerio de la palabra» (Hechos 6:1-4).

Los apóstoles decidieron escoger diáconos precisamente porque ellos necesitaban libertad. Si nunca permitimos libertad de movimiento estaremos siempre atados a los detalles y no podremos crecer.

Puedo imaginar que los diáconos le mandaron un 'e-mail' al apóstol principal que decía: *«Estimado apóstol Santiago, ¿cómo le gustaría que estén decoradas las mesas que vamos a servir a las viudas? ¿Le gustarían rosas, claveles o margaritas en los centros de mesa?».* Puedo imaginar al apóstol decir: «A mí me da igual si me ponen mesas con flores. Lo que quiero es que le sirvan a las viudas. Para eso los comisionamos. Si yo hubiera querido estar en los detalles lo hubiera hecho personalmente. Los puse a ustedes para que decidan».

Les aseguro que los apóstoles no estaban preocupados si las mesas eran redondas o cuadradas, altas o bajas, si servían con cucharas o si agarraban los alimentos con los dedos. A los diáconos les había sido asignado el trabajo... para que ellos se encargarán.

Una historia chistosa que ilustra cómo opero este principio en mi propio ministerio, fue un día que llegué al CCDMAC en Durango. Cuando entré al salón principal que acabábamos de construir, me di cuenta que estaba pintado de color naranja mexicano. Era ese tipo de color tan fuerte que parece envolverlo de «unción» y lo tira al piso. Entonces pregunté al joven que estaba conmigo: «¿Quién escogió este color?». La respuesta del muchacho produjo en mí una hermosa sensación. Él se sacudió y dijo: «Marcos, en realidad fui yo». Entonces pensé decirle que cambie ese color. Pero si lo hacía, esto no coincidía con lo que predicaba. Si yo le había dado la autoridad para escoger esos detalles, debo de estar tranquilo ante sus decisiones. Entonces cerré los ojos y dije: «Bien hecho».

Cuántas veces decimos «te doy la libertad», pero cuando nos toman la palabra, vamos detrás de ellos y cambiamos todo lo que hicieron. Entonces, les estamos demostrando que en realidad no creemos en ellos. Mi responsabilidad es desarrollar al máximo el potencial de aquellos que están bajo mi autoridad, y al permitirles libertad de movimiento, estoy permitiendo su desarrollo.

5. Permita que crezcan

El permitir que otro crezca es una invitación poco interesante. La palabra *permitir* habla de crear un ambiente, una mentalidad hacia cierta situación. Como líder tengo la influencia de crear un ámbito donde florece el crecimiento. Conforme es nuestro crecimiento así será el crecimiento de aquellos que nos siguen.

El Dr. John Maxwell explica en uno de sus libros algunas leyes para el liderazgo que son importantes de destacar[1]. Una de ellas se llama la *ley de la tapadera o del tope*. Esta ley representa aquellos lugares que parecen cerrados por topes que no permiten avanzar. ¿Ha sentido en su vida personal que ha llegado a un tope y que ya no sabe qué hacer? Como líderes tenemos que romper esos topes tanto para nuestra vida como para la de aquellos que vienen detrás de nosotros. El hecho de que usted esté leyendo este libro demuestra su interés y deseo de romper el tope personal para crecer en su liderazgo.

También el Dr. Maxwell nos explica la *ley del proceso*. Esta demuestra que todo líder está en un constante proceso de crecimiento no se queda estancado sino que busca constantemente crecer. Tiene un corazón, una mente y un espíritu enseñable. Permita el crecimiento de su liderazgo, mejor aún, foméntelo. Desarrolle líderes, no seguidores, fomentando su crecimiento e invirtiendo dinero y tiempo en ellos.

Un principio extraordinario para desarrollar es la ley de la siembra y la cosecha. Todo lo que siembre lo cosechará. Si siembra crecimiento en aquellos seguidores que está desarrollando, cosechará tremendos líderes. Un día, ellos tendrán congregaciones de 10,000 miembros que bendecirán también su vida. Fomente el crecimiento de sus líderes. Invierta tiempo y dinero en ellos. Por ejemplo, cómpreles libros.

Uno de mis pasatiempos favoritos es buscar libros y comprarlos en grandes cantidades para regalar. Hay un dicho que predica lo siguiente: «Todo líder es lector» y yo agregaría, «Todo lector será líder». Los latinoamericanos tenemos fama de no ser buenos lectores y debemos revertir esa imagen. Sé que lo que les propongo es un cambio de cultura. América Latina lo necesita.

Hace algún tiempo tuve la oportunidad de platicar con un gran académico durante unas tres horas. Él me comentaba que en un libro secular, reconocidos investigadores y académicos llegaron a la conclusión que la respuesta para la sociedad de hoy la tiene la Iglesia cristiana evangélica. Ellos saben que nuestro mensaje es de esperanza, de auto-superación, de fe. Ellos están buscando liderazgo cristiano para infiltrar las escuelas y las instituciones académicas. Pero frente a esta búsqueda descubren una generación vacía de liderazgo. Y encuentran a pastores que se pelean por tres o cuatro ovejas que amenazan con irse a otra iglesia. El mundo necesita liderazgo. Invierta su vida para desarrollar líderes a su alrededor.

Envíe a su gente a seminarios, vaya usted mismo a congresos, a escuelas de liderazgo y cursos de capacitación. Hay talentos escondidos que aún no hemos desarrollado. Eso sucedió en mi caso. Aprendí a volar a los 34 años. Prueba de ello es que todavía estoy aquí para decírselo. Como líderes debemos buscar continuamente nuevas áreas, nuevos talentos y dones dormidos en nosotros y que deben ser despertados.

¿Está usted edificando un ministerio? Si la respuesta es afirmativa, hay algo fundamentalmente equivocado en esa respuesta. Dios no nos llamó a edificar ministerios o empresas. Él nos llamó a edificar hombres y mujeres y a edificar Su Reino. Y, ¿cómo edificamos Su Reino? Con piedras vivas, dice la Biblia. Tanto usted como yo tenemos el asombroso privilegio y la gran responsabilidad de sembrar en hombres y mujeres, y de ayudarlos a crecer.

«Pero también digo: Entre tanto que el heredero es niño, en nada difiere del esclavo, aunque es señor de todo; sino que está bajo tutores y curadores hasta el tiempo señalado por el padre» (Gálatas 4:1,2).

Pero quiero señalar que estos líderes *«están bajo tutores y curadores»*, maestros *«hasta el tiempo señalado»*. Llegará el tiempo cuando el niño se convertirá en un pensador maduro y usted tendrá el privilegio de decir «éste fue mi discípulo» y él mostrará a todo el mundo lo que usted sembró en él y cómo Dios lo está usando hoy.

«Y les decía una parábola: ¿Acaso puede un ciego guiar a otro ciego? ¿No caerán ambos en el hoyo? El discípulo no es superior a su maestro; mas todo el que fuere perfeccionado, será como su maestro» (Lucas 6:39,40).

Enséñeles a pensar, a orar, a estudiar, a enseñar y aun a discipular. Usted cosechará todo lo bueno que alguna vez haya sembrado en ellos a través de su instrucción y ejemplo.

1. *Las 21 leyes irrefutables del liderazgo,*
Dr. John Maxwell, Editorial Panorama

6. PERMITA QUE SE VAYAN

SI LOGRA COMPRENDER ESTE PUNTO, LE aseguro que le evitaré grandes dolores de cabeza. Para ello es esencial que usted comprenda que las ovejas no son nuestras. No es *mi* ministerio ni su ministerio, no son *mis* pastores, no son mis ovejas, todo es de Él, todo es prestado.

Tan pronto como tenga la seguridad y la tranquilidad de no ser posesivo, más bendecido será como líder. Pido a la presencia del Espíritu Santo que en el lugar donde se encuentre leyendo este libro lo ilumine a comprender este principio, ya que lo ayudará a prevenir grandes caídas y notables errores.

No todos los que están bajo nuestra autoridad se quedarán con nosotros para siempre. Establézcalo como un hecho, como una verdad. Hay gente que Dios ha traído a su vida para llevársela. Pasarán por su vida para irse.

«Echa tu pan sobre las aguas; porque después de muchos días lo hallarás» (Eclesiastés 11:1).

La forma en que echemos «el pan sobre las aguas» determinará cómo lo encontraremos. Si no soy posesivo y permito que mis discípulos se vayan cuando es el tiempo, entonces cosecharé los beneficios de haber sido alguien que *permitió* que sus discípulos se fueran.

Como parte de este proceso es importante que enseñemos a nuestros discípulos a soñar, a ser visionarios. «Sueña en grande. Dios cumple sueños», esas debieran ser sus palabras frente a sus discípulos. Entonces ellos comenzarán a ver en su propia vida cómo Dios cumple sueños y comenzarán a creerlos. Pero si usted los anima a soñar grandes sueños, cuando finalmente Dios les da un sueño, no los retenga. Déjelos ir detrás del sueño del Señor en sus vidas.

Lo que hoy les transmito fue primeramente mi experiencia personal. Hay un músico muy talentoso que comenzó a trabajar conmigo a los 18 años. Un joven talentoso que le trajo nueva vida al grupo musical que viajaba conmigo en ese tiempo. Ese muchacho se llama Emmanuel Espinosa. Él tiene una visión y una carga muy fuerte en su vida, asimismo tiene un arrojo, un empuje valioso y grandes sueños y visiones.

Durante siete años formó parte de mi equipo, se había transformado en el ancla musical del grupo, hacía los arreglos, componía algunas canciones y era un tremendo productor. Pero un día Emmanuel me dijo: «Marcos tengo un sueño, una visión que me tiene apasionado».

En ese momento me tocó vivir lo que le estoy explicando. Le dije: «Pues platícame de qué se trata». Cuando Emmanuel comenzó a hablar observé un brillo especial en sus ojos. Cuando vea ese brillo en los ojos de su discípulo, no pelee contra eso, porque estará peleando contra el Espíritu Santo. A través de ese brillo observé el entusiasmo y la pasión que daba aliento a su vida. Sus manos comenzaron a temblar, su cara a sudar, resultado de la clara manifestación de su corazón apasionado. Resignado, le pregunté: «Te tienes que ir del grupo, ¿verdad?». Con una ternura que expresa el cariño que nos une, me dijo: «Sí, debería hacerlo».

Qué terrible decisión. Uno de los hombres claves en el ministerio me estaba pidiendo permiso para irse y, además, quería mi bendición. De pronto me doy cuenta que tengo que ir al espejo y recordarme: «Nada es mío, todo es prestado». Tomé una decisión fuerte, lo abracé y le dije: «Mi hijo, adelante. Esto es de Dios. Él está contigo. Cuentas con toda mi bendición».

Pero... ¿Cómo reaccionó usted cuando vino el «hijo pródigo» a pedirle su parte de la herencia?

«...Un hombre tenía dos hijos; y el menor de ellos dijo a su padre: Padre, dame la parte de los bienes que me corresponden; y les repartió los bienes. No muchos días después, juntándolo todo el hijo menor, se fue lejos a una provincia apartada; y allí desperdició sus bienes viviendo perdidamente» (Lucas 15:11-13).

He recorrido tantas veces América Latina y veo frecuentemente problemas de división en la Iglesia. Asimismo hay separaciones que crean nuevas divisiones. Permítame expresarme con palabras un poco más fuertes, en exhortación y amor.

Si usted se fue de una congregación molesto, perturbado, enojado, y provocó una división, le ruego en el amor de Cristo, que regrese, se arrepienta, pida perdón y repare el daño. Haga labor de restauración. En el Cuerpo de Cristo, a lo largo de todo el Continente, hay pueblos divididos, enojados, que impiden el trabajo puro y limpio de crecimiento en el Reino de nuestro Señor Jesucristo.

Además, la maldición de empezar en una división le garantiza otra división. Porque lo que usted sembró, eso cosechará. Cuántas veces hemos visto una nueva división de la división original. Esto es una parte de la realidad del liderazgo en Latinoamérica. Si somos lo suficientemente maduros como para hablar estos detalles difíciles, podremos crecer en el Reino. Pero si en nuestros países de Centro y Sur América continúan con esta tendencia a las divisiones, nunca lograremos crecer.

Cuando Jesucristo contó la parábola del hijo pródigo lo hizo porque quiso mostrarnos cómo es el corazón del Padre Celestial. El padre sabía de antemano que el hijo malgastaría toda la herencia. También usted lo sabía cuando su discípulo vino a pedirle la herencia, conocía con qué mal espíritu lo hacía, y supo conocer su mal corazón.

El padre sabía que ese hijo saldría a golpearse contra la pared, sin embargo, lo despidió con su bendición. Cuando usted envía a alguien con su bendición, nadie pierde. El único que pierde es nuestro enemigo, Satanás.

Intentemos comprender esta enseñanza a través de un ejemplo. Pensemos en una congregación grande, próspera, creciente, con 4,000 miembros. De pronto, en esa congregación se levantó el segundo a bordo y dijo: «Quiero abrir una congregación al otro lado de la ciudad».

Esta historia le parecerá conocida, probablemente en cada ciudad haya un modelo parecido a este. Pero el tema tomará distinto curso dependiendo de la reacción del pastor principal. Si en lugar de bendecirlo y enviarlo, lo retiene y le dice: «No es el tiempo. No siento que sea de Dios. Yo creo que todavía no». Puede que su razonamiento sea justificado en todos sus fundamentos, e incluso puede estar en su derecho y decir lo correcto. Pero aunque esto mismo pensaba el padre, no fue lo que le dijo a su hijo.

¿Qué hizo el padre, a sabiendas de que este muchacho despilfarraría todo? Lo bendijo y lo envió. Debe comprender que hay alguien dentro de su equipo que no obtuvo su bendición y que aún alberga algo dentro de su corazón. Esa persona es la que Satanás necesita para salirse con la suya.

Pero... pastor, mire en su interior y pregúntese si quiere a alguien en su grupo de trabajo que tiene su corazón en otro lugar. ¿Su objetivo para retenerlo es demostrarle quién manda?

Recuerde que: *La autoridad verdadera sirve para desarrollar al máximo el potencial de aquellos que están bajo mi autoridad.*

Un amigo muy querido, se equivocó en este punto. Retuvo a un hombre con las características que detallamos. ¿En qué resultó? El hombre no aguantó más porque su corazón ya no estaba ahí. Usted debe entender que si se ha ido el corazón de su discípulo, también debe querer que su cuerpo se vaya detrás de su corazón. Usted no necesita un cadáver en su equipo de trabajo porque le traerá hedor de muerte. Despache a esa persona en el nombre de Jesús tras su corazón.

El resultado de lo que le pasaba a mi amigo derivó en que el muchacho se llevó a unos cuántos miles de los miembros de esa congregación y se fue al otro lado de la ciudad. Todo esto sucedió porque el padre no tuvo la gracia de simplemente bendecirlo y enviarlo.

El resultado es triste. A los pocos meses, aquello que empezó mal comienza a desmoronarse. La iglesia madre empieza a sentirse justificada. Muchas de las personas que se habían ido, regresaron a la congregación original. Cuando esto empieza a suceder, los pastores de la congregación original empiezan a sentirse mejor todavía.

Pero, esto no se detuvo allí, se destruyó un buen hombre que no tiene dónde acudir. El camino de regreso a la casa está cerrado porque el padre lo maldijo cuando salió. Allí no tiene siquiera otros consiervos con quién identificarse. Está solo y abandonado. ¿Es esto lo que queremos en el Cuerpo de Cristo? Estoy de acuerdo con aquellos que me dicen: «No se hubiera ido de la casa de su padre». En verdad, así es. Pero también conozco lo que es enviarlo con una bendición aún sabiendo que está cometiendo un error.

Piense por unos instantes lo que hubiera ocurrido si cuando aquel discípulo va frente a su pastor y le presenta sus inquietudes diciéndole: «Tengo deseos de abrir una nueva congregación». Tal vez el pastor principal haya sentido en su corazón esto: «¡No siento que esto sea de Dios! No creo que sea el tiempo. Pero, si tu corazón ya está allá, muy bien. Recogeremos una ofrenda y compraremos sillas para tu nueva congregación». Su bendición estará con él y si algo no ocurre como debiera, aquel hijo pródigo regresará a su casa, esperando ser recibido con el abrazo del padre.

Hay algunas águilas que no podrán volar hasta que usted no las saque del nido. Otras, cuando salen del nido no saben siquiera qué hacer. ¿A quién buscarán? Esta situación ocurre más frecuentemente de lo que usted imagina. Pero la postura y determinación que usted tome al respecto marcará la diferencia.

Tal vez crea importante preguntar en una de las reuniones de la iglesia: «¿Cuántos querrían irse con este hermano para empezar la nueva iglesia de nuestra congregación?». Si muchos levantan sus manos, no se asuste. Llámelos al frente y ore por ellos, envíelos con la bendición de bendecir. Ore por ellos y dígale a Dios: «Señor, llévalos por buen camino y que siempre sepan que en la casa del padre está servida la mesa y que pueden regresar cuando quieran».

El hijo pródigo cuando estaba comiendo las algarrobas, pensó: «¿Cómo es posible que yo esté aquí comiendo esto cuando en la casa de mi Padre los sirvientes comen mejor? Me voy a levantar y voy a regresar a la casa del Padre». El joven pudo pensar en eso ya que su padre había dejado la puerta abierta. Cuando maldecimos al enviar al hijo, le cerramos la puerta.

Ese domingo imaginario, el pastor vio un éxodo de su congregación junto con las sillas, el sonido, y las ofrendas, pero su imagen de «papá espiritual» creció enormemente ante los ojos de todos. La congregación piensa: «Wow, ¡qué hombre! Quiero ser parte de la visión de este hombre». Los que se quedan en la casa comienzan a comprometerse más con usted y la iglesia.

También debe pensar que tal vez podría ser la voluntad de Dios que ese hombre se fuera a comenzar otra congregación. De ser así, ¿quién saldría bendecido con esto? Los que le bendijeron. Al tiempo, esa congregación crece hasta duplicarse y es aun más grande que la suya. Lo invitan a predicar y usted puede gozar de los deleites de su éxito, sin haber trabajado en ello. Con el pasar de los días, ellos le enviarán ofrendas y su hijo le preguntará: «Papá, ¿qué necesitas? Acá tenemos un exceso del presupuesto para bendecir a la iglesia madre».

Cabe también la otra posibilidad, ¿qué tal si no hubiera sido la voluntad de Dios que toda esa gente se fuera? Probablemente a los pocos meses se desmorone todo y el pastor comience a desesperarse y lo llame diciéndole: «Ay, yo no sabía que esto era así». Entonces nace en su interior un nuevo respeto por usted. Pensamientos cruzados vienen sobre él: «Dios mío, si yo tenía una situación ideal. El pastor se llevaba todos los golpes. Yo podía ser parte de su equipo. Me daba 'chance' de predicar cada mes. ¿Qué estoy haciendo comiendo algarrobas?». Le aseguro que él acudirá a usted. Solamente porque lo bendijo, en lugar de maldecirlo cuando lo envió.

Este principio es elemental para su vida. Debe tener claro en su mente y corazón que nunca perderá en bendecir. Si el corazón del hijo pródigo está mal, él deberá dar cuentas delante del Señor. Pero si usted le retiene la bendición, tendrá que dar cuentas delante del Señor por su mala actitud. Esta bendición, en lugar de causar divisiones, llevará multiplicación.

7. PERMÍTASE DISFRUTAR DEL ÉXITO DE SUS DISCÍPULOS

SIEMBRE ÉXITO EN LA VIDA DE SU DISCÍPULO y cosechará éxito en su vida a través de él. La Palabra de Dios habla claramente sobre esto al decir:

«Gozaos con los que se gozan; llorad con los que lloran» (Romanos 12:15).

«Por cuanto no serviste a Jehová tu Dios con alegría y con gozo de corazón, por la abundancia de todas las cosas» (Deuteronomio 28:47).

No servir al Señor con alegría y gozo de corazón trae maldición. ¡Qué triste es cuando no podemos gozarnos con el éxito de nuestros discípulos! Cuando sembró en ellos, y los bendijo, a usted le toca simplemente disfrutar.

Emmanuel Espinosa, discípulo que fue miembro de mi grupo de músicos por muchos años y que mencioné en la sección anterior, comenzó un nuevo grupo de música llamado «Rojo». Cuando le pregunté la razón de tal nombre, me respondió que el color rojo representa pasión, fuego, y la sangre de Jesús. Hoy disfruto del éxito que Emmanuel y «Rojo» están teniendo.

En su boda me dio el privilegio de ocupar el

lugar de su papá durante la ceremonia, ya que él murió cuando Emmanuel era muy pequeño. Me sentía tan feliz, honrándolo porque él me honra. Gócese en el éxito de sus discípulos.

8. Permita que le enseñen

¡Qué importante es mantener un espíritu enseñable! Me impacta el versículo en Filipenses 3:13 que dice: *«Hermanos, yo mismo no pretendo haberlo ya alcanzado...».* El apóstol Pablo tenía un espíritu enseñable y ese debe ser también nuestro espíritu. Y continúa diciendo: *«Olvidando ciertamente lo que queda atrás, y extendiéndome a lo que está delante».*

«Y estas cosas les acontecieron como ejemplo, y están escritas para amonestarnos a nosotros, a quienes han alcanzado los fines de los siglos» (1 Corintios 10:11).

Pablo habla del ejemplo, la experiencia, incluso de lo aprendido por los demás. Hay un proverbio chino muy antiguo que dice: *Pregunta y por un momento te verás como un tonto, no preguntes y toda la vida serás un tonto.*

Hace poco estuve en el despacho de una persona muy importante. Era una reunión muy formal, tomábamos té, y estábamos rodeados de protocolo y pompa. Entonces este personaje importante comenzó a hablar de temas que yo no conocía. En realidad, soy de esas personas que prefieren preguntar y parecer un tonto por cinco minutos, pero aprender una riqueza.

Pero la duda vino sobre mí, ¿pregunto o sigo manteniendo mi perfil diciendo: «Sí, claro... como no, Qué interesante»? Decidí mantener mi principio y preguntar: «Disculpe, pero no entiendo. ¿Puede explicármelo?». Aunque me vi como un tonto, cinco minutos después me recuperé. Hoy, podemos aceptar que nuestros discípulos nos enseñen.

Permita que sus discípulos le enseñen y lo desafíen porque Dios también les habla a ellos. No olvide que fue usted quien les enseñó a escuchar la voz del Espíritu Santo. Y si Dios les habló y les dio palabra, usted querrá conocerla porque hay bendición en ella.

«Oirá el sabio, y aumentará el saber, y el entendido adquirirá consejo» (Proverbio 1:5).

9. PERMITA EL AFECTO

LA SEGUNDA CARTA A LOS CORINTIOS, capítulo 3, versos 2 y 3, dice: *«Nuestras cartas sois vosotros, escritas en nuestros corazones, conocidas y leídas por todos los hombres; siendo manifiesto que sois carta de Cristo expedida por nosotros, escrita no con tinta, sino con el Espíritu del Dios vivo; no en tablas de piedra, sino en tablas de carne del corazón».*

Nunca olvide que trabajamos con personas que son «tablas de carne del corazón». Muchas veces nos acercamos tanto al árbol del conocimiento que perdemos de vista el árbol de la vida. Un día mi esposa me dijo: «Marcos, comprobaron que si un hombre recibe de ocho a nueve *toques significativos* en su vida, vivirá de dos a tres años más».

Un toque significativo es una caricia, un detalle, un abrazo. A todos nos hacen falta más toques significativos. Muchos mueren demasiado jóvenes porque nadie quiso abrazarlos. Sus discípulos necesitan «toques significativos» de su líder.

Algunos dirán que ellos no fueron creados de esa manera. Pero usted sabe que somos nueva criatura en Cristo. Necesitamos mostrar más afecto hacia los que nos rodean. Hay un hermano en mi equipo de trabajo que cuando no lo abrazo me dice: «¿…y mi abrazo? Quiero vivir más años». No puedo faltar en darle un abrazo todos los días que lo veo. ¡Es importante!

Permita el afecto. Usted puede fomentarlo entre su equipo. Estamos involucrados con vidas humanas, no sea tan académico, frío y calculador. Recuerde la enseñanza del versículo de Isaías 40:11, en el que dice que *«nos pastoreará suavemente»*. El Señor nos pastorea suavemente y usted necesita hacerlo con sus ovejas.

Ame a su gente. Abrácelos. A veces huelen mal. A veces le vomitan. Pero usted si es padre sabe que el bebé recién nacido muchas veces huele a vómito. Pero, ¡qué rico huele el vómito de nuestros hijitos! Al fin y al cabo, ¡son nuestros!

El Dr. Maxwell dice que mientras estaba en su oficina reunido con varios de sus colaboradores, entró uno de sus ayudantes principales y siguió de largo a otra oficina sin siquiera dirigirle una mirada, mucho menos una palabra. Al ver eso Maxwell, se preocupó. Pidió permiso a las personas que estaban reunidas con él y fue a ver qué le sucedía. Buscó a su colaborador y le dijo:

—Buenos días, ¿Cómo estás?

—Buenos días, buenos días, estoy muy ocupado.

—Ah, ¡qué interesante! Bueno, tan solo quería preguntarte algo que me extrañó, —

expuso Maxwell—, pues estaba con un grupo de personas en la entrada y pasaste junto a nosotros y ni siquiera nos saludaste con un 'buenos días'. Esto me preocupa, ¿te pasa algo?

—No, es que tengo mucho trabajo, mucho trabajo. Estoy demasiado ocupado como para estar deteniéndome para platicar con la gente.

El Dr. Maxwell lo miró y le dijo:

—Sí, es verdad que tienes mucho trabajo, pero se te ha olvidado que tu trabajo es la gente.

Este es su trabajo. Es la gente que Dios ha puesto a su alrededor. Dedique tiempo y espacio para fomentar las relaciones humanas. Provoque «toques significativos» con ellos. Pablo demostró afecto a su amigo al decirle: *«a Timoteo, verdadero hijo en la fe: Gracia, misericordia y paz, de Dios nuestro Padre y de Cristo Jesús nuestro Señor»* (1 Timoteo 1:2) *«Pero ya conocéis los méritos de él, que como hijo a padre ha servido conmigo en el evangelio»* (Filipenses 2:22).

Asimismo, asegúrese de mantener una relación de respeto. Es necesario que nuestros discípulos entiendan esta relación de maestro-discípulo, y no sean irrespetuosos o ligeros. Sin embargo, que esto no limite el afecto fraternal entre ambos.

10. PERMITA QUE EL SEÑOR SE LLEVE TODA LA GLORIA

SI ALGO HEMOS HECHO BIEN EN ESTA VIDA es por gracia divina. Si sus discípulos se formaron bien es también por gracia de Dios. Por lo tanto, nunca se olvide de darle a Él toda la Gloria.

«Mas el Dios de toda gracia, que nos llamó a su gloria eterna en Jesucristo, después que hayáis padecido un poco de tiempo, él mismo os perfeccione, afirme, fortalezca y establezca. A él sea la gloria y el imperio por los siglos de los siglos. Amén» (1 Pedro 5:10-11).

Sin Su gracia es imposible que nuestro trabajo prospere. Sin Su Espíritu Santo es imposible. Nunca podrá lograr todo lo que Él quiere, confiando en sus propias fuerzas. Necesita del Espíritu Santo y lo logrará.

Rompiendo barreras

Estamos viviendo días históricos, y tanto usted como yo formamos parte de este momento. Si alguien, hace 10 o 15 años, me hubiera platicado lo que hoy está sucediendo en América Latina, no le hubiese creído. Tenemos el privilegio de vivir el mejor momento de la historia de la Iglesia siendo los protagonistas del presente. Pero no debemos detenernos en el tiempo sino mirar hacia el futuro. Alzar nuestros ojos y ver todo lo que el Espíritu Santo está preparando hoy para lo que vendrá mañana.

Pero para avanzar es importante determinar qué clases de líderes hemos sido y qué clases de líderes queremos ser. A lo largo de todo mi ministerio descubrí dos clases de líderes.

Hallé aquellos que construyen paredes. Excluyen al mundo y edifican sus propios imperios y ciudades amuralladas. Líderes que en lugar de abrazar, rechazan y excluyen. Hacen de sus Iglesias clubes sociales exclusivos.

Pero también hay otra clase de líderes, y espero que usted sea uno de ellos. Líderes que construyen puentes. Que dan lugar a los que le rodean, que buscan oportunidades para que sus discípulos brillen. Líderes que abrazan a sus seguidores y los bendicen con alegría.

Este es el desafío que me animo a presentarle:

«Construya puentes y destruya paredes, en el nombre de Jesús».

El Espíritu Santo desea que Su Iglesia sea realmente «una», así como Jesucristo oró: «Padre, que sean uno como Tú y Yo». Una de las palabras operativas del Espíritu Santo en los próximos años será el término: «unidad».

Si entendemos que el que está a mi lado no es competencia sino complemento, nuestra vida cambiará. Si logro comprender que mi hermano tiene un ministerio muy distinto al mío, todo cambiará. Lo que él está haciendo yo no lo puedo hacer. Lo que yo estoy haciendo él no puede hacerlo.

Cuando entendamos el concepto de «unidad» y eliminemos el vocablo «competencia», el futuro de la Iglesia de Cristo será maravilloso, nuestro liderazgo cambiará y nuestras congregaciones nunca serán las mismas.

En Buenos Aires, Argentina, sucedió algo que me llenó de privilegio haber vivido. Un hecho histórico ocurrió. Dos congregaciones, una bautista y otra pentecostal, dejaron de ser individuales y se convirtieron en una sola congregación. Este acontecimiento es posible solamente por la intervención del Espíritu Santo quien rompió paredes y estructuras religiosas que lo único que causan son divisiones y distanciamiento.

Alguna vez leí características de la vida de ciertos animales que me animaron a aplicarlas a la vida espiritual. Ante el cambio de temporada es común ver a los gansos emigrar y dirigirse hacia un lugar cálido para pasar el invierno. Al verlos ponga atención en la forma que vuelan. Ellos forman en el aire una V, razón de ello es porque al batir sus alas cada pájaro produce un movimiento en el aire que ayuda al pájaro que va detrás de él. Además, volando en V, la bandada de gansos aumenta un 71% su poder de vuelo en comparación con un pájaro que vuela solo. Cada vez que un ganso sale de la formación, siente inmediatamente la resistencia del aire y se da cuenta de la dificultad de hacerlo solo, entonces vuelve rápidamente a la formación, para beneficiarse del compañero que va adelante.

Si nos unimos y nos mantenemos junto a aquellos que van en nuestra misma dirección, el esfuerzo será menor, será más sencillo y más placentero alcanzar las metas.

También es asombroso descubrir que cuando el líder de los gansos se cansa, se pasa a uno de los últimos lugares y otro ganso toma la delantera. Los hombres obtendremos mejores resultados si nos apoyamos unos a otros en las dificultades y si nos respetamos mutuamente.

Además, los gansos que van atrás graznan para alentar a los que van adelante a mantener la velocidad. Quienes tienen un objetivo que cumplir necesitan compartir su visión con sus discípulos para contar con su apoyo y ánimo.

Trabajando con la colaboración de ellos obtendrá mejores resultados. Una palabra de aliento a tiempo da fuerza, motiva y produce el mejor de los beneficios.

Finalmente, cuando un ganso se enferma o es herido, otros dos gansos salen de la formación y lo siguen para apoyarlo y protegerlo. Este es el resultado de trabajar en equipo: nos sentimos apoyados y acompañados.

Si podemos llevar adelante la unidad, comenzando desde nuestras propias congregaciones, podremos trabajar para la unidad de la Iglesia en Latinoamérica. Si ponemos en práctica cada uno de los puntos que detallamos en estas páginas conformaremos un grupo humano que podrá afrontar todo tipo de adversidades, la vida será más sencilla y el vuelo de los años más placentero.

LA VISIÓN DE LIDERE ES:

Apoyar al liderazgo iberoamericano a maximizar su potencial personal como líderes, promoviendo su integración y desarrollo, bendiciendo así el Cuerpo de Cristo.

LA MISIÓN DE LIDERE ES:

Producir, publicar y presentar material de formación de líderes, con un enfoque iberoamericano, desarrollando procesos para difundir dicho material.

Estimados amigos y líderes:

Lidere ha tomado la iniciativa de emprender un trabajo de boletines quincenales con el propósito de colaborar en el desarrollo del liderazgo, dirigido a todas aquellas personas deseosas de incrementar el nivel de eficiencia en su vida personal. Para leer estos boletines sólo tiene que visitar www.lidere.org.

Houston, TX.: Tel.: 281.873.5080
Durango, Mx.: 18-172464
www.canzion.com
www.edecan.org
www.lidere.org

TAMBIÉN POR MARCOS WITT:

Prólogo por Alberto Mottesi

ENCIENDE
UNA LUZ

Crónicas y lecciones de mi vida y ministerio

MARCOS WITT

www.casacreacion.com